AF253789

SUPPLÉMENT

AU MÉMOIRE

DE M. CLAUSEL DE COUSSERGUES,

EN CE QUI CONCERNE LA PRÉFECTURE DE POLICE DANS L'HORRIBLE ÉVÉNEMENT DU 13 FÉVRIER.

~~~~~~~~~

A PARIS,

CHEZ PILLET AÎNÉ, IMPRIMEUR-LIBRAIRE

RUE CHRISTINE, Nº 5.

ET CHEZ LES MARCHANDS DE NOUVEAUTÉS.

1820.
~~~~~~~~~

SUPPLÉMENT AU MÉMOIRE

DE M. CLAUSEL DE COUSSERGUES,

EN CE QUI CONCERNE LA PRÉFECTURE DE POLICE

DANS L'HORRIBLE ÉVÉNEMENT

DU 13 FÉVRIER.

---

*A Monsieur Clausel de Coussergues, membre
de la Chambre des Députés.*

MONSIEUR,

J'attendais avec impatience l'ouvrage que
vous venez enfin de publier. Le retard, involon-
taire sans doute, que vous avez apporté à cette
publication a donné lieu à beaucoup de con-
jectures absurdes. Déjà on vous avait reproché
de mendier des renseignemens, comme si les
preuves d'un fait plus ou moins grave pouvaient s'acquérir sans prendre des informa-
tions ! Ensuite, on a dit que votre proposition

n'étant point développée à la chambre exis-tante , ne serait plus considérée que comme un *libelle* : c'est le mot obligé des hommes qui n'aiment pas les vérités ; c'est le refrain du parti qui s'est fait le *Don Quichotte* de l'ex-ministre que vous accusez. Enfin , dans son numéro du 10 août , le *Courrier Français* , en parlant de votre *factum* , prétend ne rien vouloir pré-juger sur la nature d'intérêt qu'il pourra com-muniquer aux lecteurs. Puis tout-à-coup il se contredit , parce que c'est un besoin pour lui d'*impressionner* l'opinion.

Au surplus , Monsieur , vous n'avez pas écrit pour plaire au *Courrier* et consorts. Ces hommes là ont l'habitude de controverser tout ce qui n'est pas de leur couleur ; il faut donc se passer de leur approbation , se féliciter même de ne pas l'obtenir. C'est le parti que doivent prendre les écrivains généreux qui ont prévu tous les maux que produirait l'ordonnance du 5 septembre , et qui ont gémi de voir rejeter la *proposition Barthélemy*.

J'ai lu votre ouvrage , et j'ai remarqué plu-sieurs lacunes sur le fait principal qui vous a déterminé à accuser un ancien ministre com-blé des faveurs du monarque , appuyé par les viles adulations de quelques courtisans soudoyés, et par une faction qui calcule, *per fas et nefas*, la perte de l'auguste dynastie des Bourbons.

Comme il n'y a pas d'effets sans causes, et comme *tout s'enchaîne ici-bas*, vous avez dû nécessairement traiter de l'administration de M. Decazes, afin de prouver sa complicité morale dans l'assassinat de Monseigneur le duc de Berri. Je ne m'occuperai donc pas d'un sujet que vous avez développé de manière à porter la conviction dans l'esprit de vos lecteurs. Je ne m'attache qu'à la quatrième partie de votre projet concernant cet horrible attentat.

Vous paraissez convaincu, Monsieur, que la négligence de la police est plutôt le fait de M. Decazes, qui en avait la direction générale, que celui de M. Anglès, auquel il n'avait laissé, suivant vous, que la basse police. Vous appuyez votre argument sur ce que l'officier de paix, qui était ce jour de service à l'Opéra, étant attaché à la police générale, il s'ensuit que les inspecteurs étaient sous ses ordres immédiats; et vous en concluez que *le préfet de police* n'est pas responsable devant la loi politique.

Je ne suis pas tout-à-fait de votre avis, Mon-

sieur ; et votre erreur est d'autant plus palpa-
ble que M. le comte Anglès lui-même a été
contraint de rétracter une indiscrétion qui lui
est échappée dans le premier trouble dè ses
idées. Je reviendra là-dessus.

La police de sûreté de la capitale, celle
particulière des spectacles, sont exclusivement
du ressort et de la compétence du préfet de
police du département de la Seine. Qui en
était chargé le 13 février? M. le comte Anglès.
Personne ne pouvait restreindre ses pouvoirs
sur ce point ; et ce jour, principalement, cette
police a si bien fait son devoir, si bien exercé
la surveillance, qu'au milieu de Paris, à côté
d'une réunion de quatre mille personnes, dans
un lieu qui, comme théâtre public, devait,
même en l'absence des princes, être conti-
nuellement entouré, pour le bon ordre, de
surveillans, d'agens et d'officiers de police,
Monseigneur le duc de Berri a été poignardé
sans que l'assassin ait trouvé le moindre obs-
tacle, sans qu'aucun mouchard, non-seule-
ment l'ait aperçu, mais sans même qu'a-
près le coup porté, il ait été poursuivi par un
homme de police. Il avait eu le tems de par-
courir cent toises de terrain, dans les rues
Rameau, Richelieu et de l'Arcade Colbert,

en sorte que ce monstre se serait échappé pour recommencer le lendemain son cours d'assassinats sur le *Roi*, sur *Monsieur*, et sur *Monseigneur*, duc *d'Angoulême*, comme il l'a déclaré dans sa prison, si deux hommes, entièrement étrangers à la police, les braves Desbiez et Paulmier, ne l'eussent arrêté, au risque d'être eux-mêmes égorgés par *Louvel* en luttant corps-à-corps avec lui.

De qui dépendait toute cette police chargée de la surveillance des spectacles? de M. Anglès: il vous l'a dit lui-même, Monsieur, dans sa déposition à la chambre des pairs, et à laquelle vous avez répondu article par article. Eh bien ! c'est aussi cette pièce qui va servir de texte à mes argumens contre la police qu'il dirige.

D'abord, je ferai observer qu'après la restauration, lorsque S. M. sortait pour faire sa promenade, des agens de police, au nombre de vingt-huit, étaient échelonnés pour la surveillance. M. Anglès a maintenu, pendant quatre ou cinq mois, cette mesure qui a ensuite été négligée, sur-tout depuis quatre ans. Et c'est depuis quatre ans que *Louvel* méditait sérieusement le crime qu'il a exécuté le 13 février!

Mais passons à la déposition, pièce importante qui prouve que le préfet de police s'est reconnu *responsable devant la loi politique*, puisqu'il s'en fait un rempart pour lui et pour ses agens.

Elle commence par l'organisation du service de police établi à l'Opéra dans la soirée du 13 février. Il paraît que M. le comte Anglès a été mal informé quand il dit qu'il y a eu ce soir là une augmentation de gendarmes. Le fait est que le service ordinaire du dimanche est de trente-deux hommes ; et lorsqu'il y a lieu à augmentation on emploie trois adjudans de place au lieu de deux qui existaient ce jour à l'Opéra. C'est ce que M. le préfet ne saurait ignorer. Le poste de gendarmerie n'était composé le 13 février que de vingt-neuf hommes, parce qu'il y en avait un de malade. Il n'y a donc pas eu d'augmentation.

Mais il suit une réflexion toute naturelle de l'assertion de M. Anglès. On peut lui dire : Vous aviez donc des motifs de crainte ? alors il fallait recommander spécialement la surveillance qui doit émaner essentiellement des agens particuliers de la police.

Il est encore inexact de dire que les postes de sûreté, occupés par la gendarmerie royale de Paris, aient été augmentés le jour et pendant la nuit du 13 au 14 février. M. Anglès a été forcé de convenir que l'époque seule du carnaval exigeait une répartition plus considérable de la force publique.

Je dois faire ici une observation bien essentielle sur la distinction du service de la police dans les spectacles.

La gendarmerie n'est préposée que pour prévenir les embarras de voitures, empêcher les rassemblemens, les réunions, et prêter main-forte à toute réquisition de l'autorité civile : celle-ci, par ses agens subalternes, doit veiller sans relâche, observer les gens suspects, et ne pas s'écarter de la ligne tracée pour le passage des princes.

Telle est la démarcation des deux services.

Celui des agens civils devait être composé le 13 février à l'Opéra d'un commissaire de police, d'un officier de paix et de huit inspecteurs. Cependant M. le comte Anglès ne nous en montre que cinq. Est-ce une erreur de calcul ? c'est probable, car il doit savoir qu'on emploie d'ordinaire à ce service une brigade de huit agens. Cependant le prince tombe frappé du coup mortel, et l'assassin est, comme je l'ai dit, arrêté à cent toises par deux hommes étrangers à la police. Arrivent ensuite successivement des hommes dont le devoir était de stationner à la porte du théâtre, rue Rameau. Ils affectent un zèle effrayant : enfin paraît M. Anglès qui est bientôt suivi de M. Decazes, de M. Bellart et de M. le procureur du roi. Mais déjà l'assassin avait été remis au commissaire de police de qui l'autorité supérieure reçut un premier interrogatoire.

Je n'ai pas vu, Monsieur, que vous ayez examiné la question importante de savoir si Louvel, à qui M. Decazes a parlé mystérieusement à l'oreille (d'après le dire de beaucoup de serviteurs du roi), devait être distrait de la compétence de l'autorité judiciaire et livré à un pouvoir supérieur. Je n'approfondirai pas cette question qui ne me semble pas résolue par celle de la nécessité de faire suivre la première instruction devant l'autorité de police. Je dirai seulement qu'on a trouvé très-extraordinaire que *Louvel* ait été conduit le 14 février, à quatre heures du matin, à l'hôtel de M. Decazes, d'où il n'est sorti qu'à huit heures du soir pour aller à la Conciergerie. (1)

---

(1) Cet infâme assassin fut transporté de l'Opéra au ministère de l'intérieur dans une voiture où étaient M. Anglès, préfet de police, et M. Wolf de Saint-Albes, lieutenant de

Je reviens à la déposition de M. le préfet de police.

Troublé à la vue de l'affreux spectacle de l'assassinat de Monseigneur le duc de Berri, il n'en sentit pas moins de quelle importance il était pour lui de faire valoir les rapports de ses agens. Il a donc déposé, sur la foi de ces rapports, que le commissaire n'avait point négligé le service qui lui était confié ; que les officiers de paix et les inspecteurs avaient tous fait leur devoir. Cependant on n'en voit aucun au poste qu'il aurait dû occuper au moment où le crime a été commis. Très-certainement la présence d'un seul à la porte extérieure du

---

gendarmerie. La voiture fut escortée par des gendarmes commandés par M. le baron Lainé, lieutenant-colonel du corps. Cet estimable officier fut fort surpris de voir qu'aussitôt l'introduction de Louvel dans les appartemens du ministre, il eût été congédié, au lieu d'être appelé, ainsi que les gendarmes, pour la surveillance de Louvel, comme c'est l'usage pour les prévenus ordinaires. Mais son étonnement a cessé lorsqu'il a su que dès ce jour M. Decazes avait fait augmenter le poste de gendarmerie à son hôtel, et que même il s'était fait garder dans l'intérieur de ses appartemens par huit gendarmes des chasses. A son exemple, M. le comte Anglès a fait venir vingt gendarmes de supplément qui ont couché dans la grande salle qui communique à ses appartemens.

Il a pris la même mesure à l'époque des troubles de juin dernier.

vestibule aurait intimidé *Louvel*, qui avait paru à plusieurs reprises dans la rue Rameau. Son bras avait sans doute été arrêté à huit heures du soir, au moment de l'entrée du prince à l'Opéra, à l'aspect du baron Lainé, lieutenant-colonel de la gendarmerie. Hélas! combien ne doit-on pas regretter que ce digne protégé de Monseigneur le duc de Berri, dont le zèle était infatigable, ait été forcé de s'absenter pour visiter trente-deux postes, et qu'il n'ait été de retour à l'Opéra que dix minutes après le fatal événement!

Pourquoi le sieur Joly, officier de paix, sortant du café où il venait de prendre un verre de liqueur, n'a-t-il pas, avant de remonter à son bureau, placé en dehors du vestibule l'inspecteur qui l'avait accompagné dans la rue Rameau, *qu'il trouva presque déserte et tout-à-fait déblayée? Louvel*, tout décidé qu'on le suppose au sacrifice de sa vie, n'aurait pas tenu contre les *allures* d'un agent de police, dont le regard doit être essentiellement scrutateur (1).

____

(1) Il est vrai que le sieur Joly, officier de paix de service le 15 février à l'Opéra, relevant immédiatement du ministre de la police générale, ci-devant valet de pied d'Hortense, avait

Le service n'a point été négligé, dit M. Anglès. On voit, il est vrai, des agens, des officiers de paix, des inspecteurs, avant et après
le crime, mais il n'en montre pas *au moment où il a été commis.* Cette observation
suffit pour battre en ruine toute sa déposition.

Au sujet des voitures qui étaient, contre la
règle, stationnées dans la rue Rameau, vous
avez fait, Monsieur, une observation que M. le
comte Anglès ne prendra pas pour une réfutation cathégorique du rapport du sieur Daviè-
res, qu'il s'est donné la peine de commenter.

Il dit que cet officier de paix pensa que les
ordres qu'il donnerait pour faire éloigner quelques voitures qui ne devaient pas stationner,
*n'auraient point d'autre résultat que celui ob-
tenu jusqu'à ce jour.* Il ajoute que les agens de
la préfecture *se sont fréquemment plaints des
prétentions et des résistances qu'ils ont éprou-
vées à cet égard.* Je veux croire qu'on ait mé-

été recommandé à M. Decazes, simple conseiller à la cour
royale de Paris, par le sieur Foudras, inspecteur-général de
police, qui en avait fait un inspecteur particulier.

Tout s'enchaîne ici-bas. Joly devenait un homme intéressant
par son ancienne position ; M. Decazes, nommé préfet de police, en fit un officier de paix, qu'il appela ensuite auprès de
M. Decazes, ministre de la police.

connu tout ordre pour l'éloignement du cabriolet, qui faisait partie de ces voitures; mais n'était-ce pas un motif de plus pour faire surveiller la place par des inspecteurs de police? leur présence aurait imposé à l'homme qui était appuyé contre ce fatal cabriolet, et bien certainement *Louvel*, qui était *cet homme*, n'aurait point exécuté son crime.

Votre remarque sur la déclaration de l'inspecteur Rousseau ne me paraît pas non plus satisfaisante : *il se rend un peu avant onze heures pour assister au départ du prince,* puis tout-à-coup il disparaît. Il s'excuse, à la vérité, sur ce que le *piqueur* venait seulement de monter à cheval, et que, n'y ayant aucun mouvement autour de la voiture de S. A. R., il crut avoir le tems d'aller à l'autre extrémité de l'Opéra où se trouvait la voiture de Mme la duchesse d'Orléans. Il revint presqu'immédiatement sur ses pas, mais dans ce peu de tems le crime fut consommé.

Le devoir de cet inspecteur n'était-il pas de rester à la porte de sortie, *puisqu'il convient que le piqueur était dejà monté à cheval?* Qu'avait-il besoin d'aller à l'autre extrémité ? Je ne répéterai point les réflexions que j'ai entendu faire à ce sujet; mais elles sont une conséquence de sa contre-marche, que rien ne motivait ; et ces réflexions , quoique bien amères, ne se ressentent point de l'esprit de malignité.

Au reste, tous ces rapports ont été si bien combinés qu'il n'y manquait plus que le degré de confiance que M. le comte Anglès leur a donné dans sa déposition.

Il en a tiré la conséquence que le service n'a point été négligé; et cependant il ne résulte de cette déposition autre chose sinon que plus les agens ont apporté de zèle, plus les risques se sont multipliés.

Passant ensuite à tout ce qui lui est personnel après l'assassinat du prince, M. le préfet de police parle de l'impression que lui a faite l'annonce de cette horrible nouvelle , son empressement à se rendre à l'Opéra , ses entretiens avec les augustes personnes qu'il trouva réunies dans ce lieu de douleur, les questions qu'il adressa à M. le comte de Nantouillet ; enfin les détails dans lesquels ce respectable seigneur est entré avec lui. Le plus important de tous ces détails est celui qui est relatif à des déclarations faites par M. le chef d'escadron Leroi. Elles portaient sur des avis donnés de plusieurs tentatives d'assassinat contre Monseigneur le duc de Berri, sur la volonté du prince, qui n'aimait pas qu'on fît des dispositions extraordinaires pour garantir sa personne ; enfin *sur sa résignation d'abandonner sa vie au premier assassin qui aurait fait d'avance le sacrifice de la sienne, plutôt que de se rendre malheureux par des craintes continuelles.*

Ici M. le préfet témoigne ses regrets de n'avoir pas eu connaissance de ces détails, et sa surprise de ce que M. le chef d'escadron Leroi ne fût pas venu lui en faire la déclaration. De tels avis, dit-il, éveillent toujours la sollicitude, fixent plus particulièrement, portent à recommander plus de surveillance, et à prendre quelques mesures spéciales (1).

Alors M. le comte Anglès parlait en magistrat pénétré de ses devoirs ; la circonstance lui dictait ce langage. Il ne pouvait pas faire connaître que sa police n'inspire aucune confiance.

---

(1) En général, la surveillance de la police se fait très-mal dans les spectacles, excepté à l'Opéra-Buffa, où M. le préfet manque peu de représentations : ses agens craindraient d'être mis en défaut.

On sait que dans plus d'une occasion il a dégoûté les donneurs d'avis par d'étranges observations.

Au surplus, cette déposition de M. le préfet de police ne fait pas que ses agens aient été vus au moment du danger : il semble qu'ils s'étaient donné le mot pour affecter du zèle avant et après que le crime a été consommé.

C'est une remarque que fit M. Holbec, capitaine de gendarmerie. Il revenait de ronde lorsqu'il apprit l'horrible attentat commis sur la personne du prince, et ne put retenir cette exclamation : « C'est bien malheureux pour M. Anglès : il n'y avait pas un agent de police ! »

Serait-ce pour avoir proféré cette vérité avec l'accent de l'intérêt que cet estimable officier a encouru la disgrâce de M. le comte Anglès ? Il ne fait plus partie du corps de la gendarmerie.

Mais, dira-t-on, il est démontré que Monseigneur le duc de Berri avait exigé qu'on n'observât aucun cérémonial lorsqu'il allait au spectacle ; que là, ou lorsqu'il allait à la chasse, il n'aimait pas qu'on fît pour lui des dispositions extraordinaires. Est-ce une raison pour que les agens de police aient dû négliger un service qui n'est pas apparent comme celui du militaire? La trop grande confiance d'un bon prince doit, en pareil cas, porter à la désobéissance. Elle devient alors une nécessité.

Ce n'est pas ainsi, Monsieur, que se faisait la police sous l'usurpateur. Que de précautions ne prenait-on pas pour la conservation des jours de ce farouche despote? ces précautions s'étendaient jusque sur les femmes qu'il avait travesties en princesses ; et si un observateur avait seulement osé lever les épaules en voyant passer ces personnages grotesques, s'il n'eût pas payé de sa tête cette démonstration de mépris, il l'aurait au moins payée par un emprisonnement sans terme. Cependant la police est composée des mêmes élémens : rien n'y est changé, excepté le mode de service ; son action n'a donc rien qui doive surprendre.

Je ne puis m'empêcher de citer des observations très-judicieuses sur un fait consigné dans une lettre adressée le 25 mars dernier au rédacteur du *Drapeau Blanc*.

De la vallée de Montmorenci, le 25 mars 1820.

Monsieur,

J'étais agent de police. En 1815 (chose inouïe

à la police, mais cependant vraie), je m'avisai d'être joyeux du retour des Bourbons ; passez-moi quelques paroles superflues.....; j'ai perdu ma place.

Dans le village où je végète avec une modique pension de retraite, la nouvelle d'un affreux attentat vint tout-à-coup frapper mon oreille. Je refusai d'y croire ; il m'aurait fallu, *moi, vieil agent de police,* croire à trop d'horreurs. Je savais que la police était la même que celle de Fouché et de Savary. Sa surveillance active et sévère m'était trop bien connue pour qu'il me parût possible qu'elle eût été en défaut. Pour m'entretenir dans mes charitables illusions, je me remémorais une foule de faits dont vous pardonnerez le récit *à un homme d'Etat tombé,* et qui n'a plus rien à faire que raconter.

Du tems de la police de M. Dubois, jamais Bonaparte, ou le moindre des siens, voire même madame Lætitia, n'allaient au spectacle ou ne visitaient les établissemens publics, manufactures, etc., que de nombreux agens de police ne fussent échelonnés sur toute la route, tandis qu'une foule d'autres stationnaient autour du lieu où l'on devait s'arrêter.

Nos inspecteurs appelaient cela *service de*

pavé ; c'était le terme d'*argot*. A la restauration, quelque pédant doctrinaire de la police aura trouvé l'expression peu *spéciale* ; et au lieu de changer le mot , on aura supprimé la chose.

Souvent Bonaparte recevait l'avis que l'on voulait attenter à ses jours ; mais il avait une confiance si bien éprouvée *dans les moyens de sa police* , qu'il se contentait de renvoyer les lettres au préfet , avec cette apostille : *Cela vous regarde.*

Un jour il lui prit fantaisie d'écrire à ce magistrat que les rues de Paris étaient mal éclairées. M. Dubois répondit à l'instant que la veille , Sa Majesté , vêtue de sa redingote grise, et accompagnée de MM. Duroc et Caulaincourt, en habits bourgeois , avait traversé plusieurs quartiers de Paris ; qu'elle s'était arrêtée auprès de la porte de l'allée du n° 6 de la rue des Lombards , pour un motif sur lequel on donnait les détails au cas appartenant..... Bonaparte reconnut que Paris était suffisamment éclairé.

On aurait tort cependant de penser que M. Anglès ne fasse pas parfaitement la police ; cela lui est arrivé deux fois , et voici comment :

Il y a moins d'un an, madame la comtesse Anglès, femme infiniment respectable, ce que beaucoup d'honnêtes gens donnent comme une preuve sans réplique que M. le comte est un fort habile homme ; madame la comtesse Anglès, disons-nous, perdit au Luxembourg un chien favori : en un clin d'œil toute la brigade d'inspecteurs, mise en réquisition, accourt haletante ; le blocus le plus rigoureux est formé à toutes les issues du jardin, et les factionnaires reçoivent l'ordre de ne laisser sortir ni chiens ni gens dont la mine chaffouine aurait pu ressembler au signalement du petit mutin échappé aux douces lois de madame la comtesse.

Ces brillantes dispositions furent couronnées du plus heureux succès. Le petit indépendant quadrupède eut beau prendre un air *libéral*, d'autres disent *monarchique*, il fut à son gros ventre reconnu pour *ministériel*, saisi et appréhendé au corps, et reconduit à la préfecture de police, où il reprit assez facilement ses douces habitudes digestives.

Quelques jours après, une grande et belle dame perdit un magnifique chien griffon. En bonne conscience, un galant magistrat de Paris ne peut pas faire, pour une jolie femme qu'il considère, moins que pour sa femme.

C'est assez vous dire que, malgré son agilité, le griffon, ayant toute la police à ses trousses, fut forcé avant d'avoir pu atteindre le pont de Neuilly.

Puis l'on dira que la police n'est pas bien faite!

Ah! si la trentième partie de ces précautions, que l'on n'avait pas hésité de prendre pour le bon plaisir de deux personnes au moins insignifiantes, avait paru nécessaire pour veiller à la conservation des jours de nos princes; si un *seul* inspecteur avait reçu l'ordre de garder la place où une voiture attendait celui qu'elle ne devait pas ramener, le petit-fils de Henri IV, vivrait encore pour la gloire et l'espérance de la patrie. D'après les soins paternels de la police pour les minuties capricieuses que je connaissais, et dont je viens de faire le récit, devais-je m'attendre, dans ma retraite, à être si douloureusement désabusé sur les précautions que je supposais devoir être prises par M. Anglès, pour un objet d'où dépendaient les destinées de la France?

Et maintenant, que mon incrédulité est si douloureusement vaincue, jugez quelles sont mes réflexions!.....

Je suis, etc.

Je n'approuve pas, Monsieur, le ton de cette lettre qui est un peu caustique ; mais, considérant l'intention de l'auteur, j'ai cru devoir la rapporter dans tout son entier , parce qu'elle fait la critique de la déposition M. le comte Anglès.

Comment d'ailleurs concilier cette déposition avec certaines indiscrétions qui ont été relevées par M. le duc de Fitz-James, à la chambre des pairs, dans la séance du 7 mars ?

Le bruit avait couru, depuis six mois, que M. le comte Anglès n'avait eu aucun des moyens nécessaires pour veiller à la sûreté publique. M. le duc de Fitz-James l'avait insinué, avec quelque doute néanmoins, dans le beau discours qu'il a prononcé à la chambre *sur la liberté de la presse*. Voilà tout-à-coup que M. le comte Anglès autorise M. le noble pair comte d'Argout à déclarer à la tribune de la chambre que le fait n'est point exact, ce qui veut dire, en d'autres termes, qu'il a eu tous les moyens nécessaires pour veiller à la sûreté publique. Ainsi, M. le comte Anglès a pris sur lui la responsabilité de la négligence inexcusable qui fait couler aujourd'hui nos larmes sur l'horrible assassinat du duc de Berri !

« Qu'il explique donc, comme l'a judicieusement observé le rédacteur d'une feuille estimable, qu'il nous explique comment il se fait qu'aucun de ses agens, qu'il avoue avoir eus constamment à sa disposition, *comme moyen pe police*, ne se soit trouvé auprès de l'héritier de la couronne pour veiller au salut de ses jours, et que le crime ait été commis sans qu'aucun de ses salariés subalternes ait contribué à arrêter l'assassin ? »

« Et ces caricatures infernales où l'on représentait l'auguste fille de Louis XVI, armée de la carabine de Charles IX, et faisant feu contre les Français ; et ces lithographies exposées publiquement, où l'*usurpateur* était offert à l'admiration des siens derrière la figure du général Rapp ; et ces *superbes tableaux* où le drapeau tricolore était déployé aux yeux des passans ; et ces chansons bonapartistes, chantées en chœur, avec accompagnement d'instrumens nombreux, dans toutes les rues de Paris, la veille de S. Napoléon ; et l'image de Marie-Louise, frappée sur des pièces de monnaie sans cours, mais répandues avec profusion ; et le petit duc de Reischtadt, vendu pour un sou sur des bonbons, afin de répandre parmi le peuple un touchant intérêt pour *cet héritier présomptif du trône de M. son père ;* toutes ces *innocentes images*, qui peignent si bien l'esprit qui anime nos vieux comme nos jeunes révolutionnaires, étalées sous les yeux de la police, M. le comte Anglès les prend sous sa responsabilité et en délivre M. le duc Decazes ! C'est se montrer envers lui ami bien dévoué ; mais, puisqu'il est si généreux, alors nous lui demanderons comment il se fait que, depuis le malheur de la nuit du 13 février, la plupart de *ces belles images* aient disparu par les soins de la police ? Est-ce que M. le comte Anglès a acquis de nouveaux pouvoirs ? Est-ce qu'il ne craint plus de dépasser la limite de ses droits ? Il y a évidemment contradiction entre sa conduite passée et sa conduite présente. Ou les gravures dont je viens de parler, exposées chez tous les marchands d'estampes avant le 13 février, étaient horriblement séditieuses, ou elles ne l'étaient pas. Si elles l'étaient, pourquoi M. le comte Anglès n'a-t-il pris aucunes mesures pour les faire enlever ? Si elles ne l'étaient pas, pourquoi les a-t-il fait disparaître ? Il y a nécessairement négligence coupable d'un côté, ou abus de pouvoir de l'autre ; et il est étrange que M. le noble pair, comte d'Argout, n'ait pas été frappé de ce dilemme qui se présente naturellement à l'esprit, lorsqu'il a annoncé à la chambre haute, au nom de M. le comte Anglès, que le préfet de police avait tous les moyens nécessaires pour faire régner l'ordre dans Paris. Si un ennemi de ce fonctionnaire avait pris la parole pour l'attaquer, c'est, à notre avis, ce qu'il aurait pu dire de plus accablant. »

Ces observations ont produit leur effet dans l'opinion publique ; les plus indulgens ont pensé que, dans le trouble de ses idées, M. le comte Anglès avait pu commettre quelques indiscrétions, au risque de passer pour ingrat envers M. le duc Decazes absent ; mais en général on est convaincu qu'il n'a jamais cessé d'être investi des pouvoirs que lui donne sa place.

Sa déposition devant la commission de la chambre des pairs le prouve implicitement ; et tout le monde serait de son avis si elle n'était pas contradictoire avec tout ce qu'il a voulu justifier en faveur de ses agens pour éviter une responsabilité personnelle.

Vous êtes surpris, Monsieur, de ce que M. Decazes ait maintenu M. Anglès dans ses fonctions après le malheureux événement du 13 février. Permettez-moi de vous dire que c'est s'étonner d'une conséquence ; car puisque vous accusez M. Decazes d'une négligence qui

a été la cause secondaire de l'horrible assassinat de Monseigneur le duc de Berri, il était
bien naturel qu'il conservât dans son poste le
fonctionnaire à qui cette négligence pouvait
être justement reprochée.

Cependant je ne disconviens pas que si M. Decazes eût été un homme d'Etat, il aurait, dès
le lendemain, fait prononcer la destitution du
préfet de police : il eût alors prévenu toutes
les accusations ; on eût plaint M. le comte Anglès, en attribuant son imprévoyance à l'inca-
pacité, et M. Decazes aurait passé pour un habile homme. Fouché n'aurait pas manqué ce
coup là !

La remarque que vous avez faite vous a conduit à examiner quelques actes de l'administration de M. le comte Anglès ; mais comme
votre sujet principal ne pouvait pas embrasser
tous ceux qui se lient à son caractère, vous vous
êtes borné à des faits isolés qui me paraissent
insuffisans pour éclairer l'opinion. Je vais donc
me reporter à ce qui manque dans votre ouvrage. Pour cet effet, je remonte aux antécé-
dens de ce magistrat, occupant aujourd'hui
une place sur laquelle repose la sûreté publique, et parce qu'ils se lient au système funeste
de M. Decazes.

M. Anglès était fort jeune à l'époque de la

révolution. Son éducation dut nécessairement se ressentir de ces tems marqués par l'absence de toute instruction solide. Admis à l'école polytechnique, où il passa quelques années, il en sortit pour entrer dans la marine. Bientôt il se dégoûta de cette profession, à laquelle il ne paraissait pas être appelé, puisqu'après avoir servi très-peu de tems en qualité de novice-timonier à bord du vaisseau *le Duquesne*, en rade de Brest, il prit son congé : forcé de chercher la fortune, il entra dans les bureaux de M. Morard de Galles, alors préfet maritime, dont il devint ensuite le gendre. Son mariage lui ouvrit la porte des faveurs ; il fut nommé au conseil d'Etat en qualité d'auditeur, parut aux armées comme intendant, puis obtint le titre de maître des requêtes, et fut chargé de la police du troisième arrondissement de l'empire. C'est en Italie qu'il porta ses talens administratifs. En 1814 il quitta cette ancienne terre des Césars, et revint en France, où les immenses gratifications qu'il avait reçues de Bonaparte le mirent à même de faire l'acquisition du château de Luciennes, jadis propriété de Mesdames, tantes de S. M. Louis XVI (1).

______

(1) M. Anglès a vendu ce domaine en 1819 avec bénéfice : des esprits charitables ont publié dans le tems qu'il faisait

Voilà donc M. Anglès dans le chemin des richesses et des honneurs. Il se présente à l'époque de la restauration comme un homme qui entend les gouvernemens de fait. Il obtient le portefeuille de la police générale ; mais le gouvernement provisoire ne l'ayant pas jugé assez fort pour remplir les fonctions de cette place, il est obligé de la céder à M. Beugnot, qui eut pour successeur M. Dandré.

Arrive le 20 mars, cette journée si funeste pour la France, et qui a fait connaître les sentimens de tant de personnages..... M. Anglès se rend à Gand, et se produit à la cour de Louis XVIII. On le charge d'une police particulière : la chronique ne dit pas s'il s'en acquitta en homme expérimenté dans cette partie ; je me tairai donc sur ce point. Enfin la journée de Waterloo vient décider du sort de la France, et en même tems de celui de M. Anglès, qui y rentre avec le titre de comte, et la réputation de royaliste qui a fait ses preuves d'attachement à la monarchie légitime.

---

beaucoup de sacrifices pour la cause du Roi ; le fait est que le produit de cette vente a été consacré au paiement d'une partie du prix de la terre de Cornillon, département de la Loire. A ce domaine de 500,000 fr. M. le comte a ajouté des bois pour une somme de 200,000 fr.

Il se flattait d'obtenir de suite le ministère
de la police générale ; mais ce poste est con-
servé à Fouché, et la préfecture de police est
livrée à M. Decazes, qui passait alors pour un
royaliste dévoué à l'auguste dynastie, malgré
les anciennes affections qu'on lui connaissait.
Cependant trois mois sont à peine écoulés que
M. le comte Anglès devient successeur de
M. Decazes, promu au ministère de la police
générale, premier objet de son ambition, qui
bientôt passe toutes les bornes.

Il fallait à la préfecture de police un magistrat versé dans la connaissance des lois, un administrateur intelligent et sévère, un homme
éprouvé par des sentimens invariables d'attachement à la monarchie légitime. Il ne fallait
pas la lanterne de Diogène pour trouver cet
homme, et le choix est tombé sur M. Anglès.

En jetant un coup-d'œil sur les œuvres de
son administration, nous verrons s'il le justifie.

Sous le gouvernement représentatif c'est un
droit acquis aux administrés de censurer, quand
il y a lieu, les actes des administrateurs. Je
vais en user, et saurai être vrai, sans oublier
les égards dus à l'homme que le souverain a
investi de fonctions aussi importantes.

M. Anglès a débuté, mais avec beaucoup de

répugnance, par quelques changemens parmi les commissaires de police et les employés de sa préfecture. Assez prudent, dans les premiers momens de son administration, pour ne pas agir d'après ses seules lumières, il s'est entouré de conseils, et a mis beaucoup de circonspection dans l'épuration de ses employés, qui n'a frappé d'ailleurs que des subalternes.

Quand l'ordonnance du 5 septembre vint donner une marche opposée à celle qu'on avait suivie depuis la restauration, M. le comte Anglès eut la faiblesse de se plier au système qui devait ranimer la fureur des partis, en ébranlant le trône des Bourbons (1).

____

(1) Il est cependant un fait qui peut donner la mesure des principes politiques de M. le comte Anglès. Dans la même année 1816, il avait été sollicité un drapeau et un guidon pour le corps de la gendarmerie royale de Paris ; ils furent accordés, et ensuite déposés à la préfecture de police, lieu de la résidence du magistrat qui, en sa qualité de préfet, est le commandant né du corps. Quoi qu'il en soit de cette bizarrerie de revêtir une autorité purement civile d'un commandement militaire, le corps de la gendarmerie s'attendait de jour en jour à la cérémonie de l'inauguration de ces drapeau et guidon ; mais son espoir a été déçu. Est-ce que par hasard ces deux signes de ralliement à l'honneur auraient été confondus avec une assez grande quantité de drapeaux tricolores et de bustes en plâtre de l'usurpateur, qui sont soigneusement renfermés

La conséquence de ce système devait être de prononcer la destitution des fonctionnaires connus par leur zèle et leur attachement à la monarchie. Ce fut à l'époque des élections de 1817 que M. le comte Anglès, oubliant que son ancien maître n'avait jamais trouvé qu'on fût trop dévoué pour sa personne, accueillit cette qualification si commode d'*ultra;* en conséquence il proposa plusieurs révocations de commissaires de police nommés par le Roi en janvier 1816, sans que ceux-ci connussent les motifs de leur disgrâce.

Ne pensez-vous pas, Monsieur, que de pareilles mesures sont contraires à l'intérêt bien entendu de l'autorité royale? Je conçois pourtant que le souverain peut nommer à son gré aux places les plus éminentes de l'Etat. Il faut aussi admettre qu'en 1815 le roi a bien pu sans injustice déplacer certains fonctionnaires dont

---

dans une pièce voisine de l'appartement de l'inspecteur-général de police? Voilà du moins ce qui a été signalé dans le numéro du *Drapeau Blanc* du 1er mars dernier.

Au moment où j'écris, on m'assure que ces objets ont disparu; d'autres disent qu'on n'a fait que les changer de place, d'après l'article précité qui en a fait connaître l'existence à la préfecture. Je laisse au lecteur le choix d'une de ces versions, et m'en tiens aux drapeau et guidon qui n'ont pas encore leur destination.

l'influence était dangereuse, et fixer son choix sur des hommes dont les sentimens inspiraient la confiance. Tels sont, par exemple, les officiers ministériels et autres à la nomination du monarque. Or, ceux-ci doivent-ils dépendre du caprice des ministres, des préfets, parce que c'est sur leur présentation qu'ils ont obtenu leurs places? Rien n'est moins dans le véritable esprit de la monarchie que ce despotisme administratif qui place dans une dépendance servile des hommes dont le travail est aussi honorable qu'utile à l'ordre social. Nous avons des exemples que tel fonctionnaire prévenu de forfaiture n'a encouru la destitution qu'après un jugement, tandis que tel autre a été frappé subitement de destitution par le motif vague du défaut de confiance. Ainsi ce ne sont pas les hommes de la chose que l'on recherche, ce sont des hommes rampant sous la volonté d'un ministre ou d'un administrateur! Nous devons à la révolution ce genre d'arbitraire; et si M. Decazes en a usé amplement, on peut dire que M. Anglès ne s'est point écarté de ses principes.

Il faut donc s'attendre que tant qu'on voudra rester exclusivement attaché aux intérêts révolutionnaires, nous verrons toujours aux emplois supérieurs les hommes qui ont appartenu aux trois régimes qui ont précédé la restauration. Alors ils ne feront que ce qu'ils ont vu faire, que ce qui se partique depuis quatre ans. Ce n'est pas là ce qu'on croyait réservé à la fidélité et au dévouement.

D'après les destitutions opérées par M. Anglès depuis qu'il est à la préfecture de police, on serait tenté de croire qu'il trouve une sorte de jouissance dans cette prérogative qui n'est attachée à sa place qu'autant que ces destitutions se fondent sur des causes graves. L'employé dans une administration quelconque ne devrait être destitué que d'après une procédure légale, parce qu'alors il ferait usage de moyens de défense sur lesquels s'appuierait ou son innocence ou sa culpabilité. Ce n'est qu'après de mûres réflexions qu'on doit user d'un acte de rigueur qui lui arrache et l'existence du moment et celle de son avenir, puisque son interruption de service lui ôte le droit que ses travaux lui donnent à une pension de retraite.

Quoi! un jeune homme aura fait une étude préalable, soit avant d'être admis dans l'administration de son choix, soit comme surnuméraire dans cette administration ; reconnu en état d'occuper un emploi, il l'obtient: successivement et après de longues années de travail, il parvient à un emploi supérieur. Quelle différence peut-on mettre entre l'état qu'il a embrassé et celui, par exemple, d'un fabricant d'étoffes? Tous deux ont fait un apprentissage; tous deux ont fait des dépenses d'argent ou de tems pour se rendre capables; tous deux ont choisi une profession où ils ont cru trouver des moyens d'existence pour toute leur vie; tous deux servent la société. Comment donc, si l'on ne peut pas empêcher le fabricant de continuer son état, aurait-on le droit de priver l'employé de son emploi? je ne connais que les cas de malversation qui puissent donner ce droit à un administrateur.

A quoi attribuer cette manière d'agir de la part de M. le comte Anglès? L'auteur du *Tableau de Paris* nous le dit. Il ne concevait pas comment on pouvait accepter la place de lieutenant de police, qui exige, dit-il, une grande assiduité au travail, un tact particulier dans les affaires, une connaissance parfaite du cœur humain, et, sur-tout, l'abnégation parfaite de toutes les jouissances de la société, parce qu'elles détournent nécessairement les réflexions qu'exige un travail sérieux.

Si Mercier vivait encore, il saurait que *dans ce siècle de lumières* un préfet de police de Paris est un autre homme qu'un lieutenant de police du tems de l'obscurité. Tous les momens des Lenoir et des Sartine étaient comptés : on les trouvait toujours dans leur cabinet occupés des fonctions dont ils étaient chargés, veillant à la sûreté de tous, et ne connaissant d'autre délassement qu'une profonde méditation sur les moyens de prévenir le mal afin d'éviter la terrible nécessité de punir. Grâce à la science bureaucratique, un préfet de police n'est pas tenu aujourd'hui à un travail *aussi minutieux* : il peut s'absenter pendant des semaines entières, aller jouir des agrémens de la campagne, y recevoir les portefeuilles de ses chefs de division et prononcer sur la foi d'autrui. C'est ce que faisait M. Anglès, en 1817, lorsqu'il possédait encore le château de Luciennes ; c'est là qu'il recevait les résultats du travail de ses chefs, ce qui, soit dit en passant, nuisait infailliblement à la prompte expédition des affaires.

Les distractions que cherche M. Anglès n'ont rien de blâmable en elles, pas même son amour pour la chasse ; mais l'homme qui, comme lui, doit tout son tems à sa place, et sur lequel repose la surveillance d'une aussi vaste cité que Paris, peut-il sans inconvénient se livrer à des goûts qui l'éloignent du centre de ses occupations? et lorsqu'il le fait, peut-il empêcher la chronique d'en gloser?

Au sujet de sa passion pour la chasse, voici ce qui a été consigné, il y a à peu près un an, dans un de nos journaux (*l'Indépendant*).

« En annonçant, il y a quelques jours, l'or-
» donnance de police qui fixe au 21 août l'ou-
» verture des chasses, nous avons remarqué
» combien cette anticipation était préjudi-
» ciable aux récoltes : il est vrai, d'un autre
» côté, qu'elle est agréable à M. le préfet. Si ce
» fonctionnaire n'ouvre pas chaque année,
» comme l'empereur de la Chine, les utiles
» travaux de l'agriculture, au moins il n'a
» pas manqué d'ouvrir en personne, au jour
» dit, le noble exercice de la chasse. Un
» grand nombre d'amateurs s'étaient présentés
» pour obtenir des permis qu'on a eu soin de
» ne leur octroyer qu'après l'ordonnance; sans
» cela ils eussent chassé sur les plaisirs de
» M. le préfet. »

Il y a sans doute un peu d'amertume dans cet article ; mais en le citant je prétends seulement prouver que les plus petites erreurs de l'homme placé dans les hautes fonctions n'échappent à personne.

La place de préfet de police du département de la Seine présente d'assez beaux avantages pour mériter le sacrifice de quelques fantaisies de la part du magistrat qui l'occupe. De la tenue, du zèle et de la capacité, voilà ce qu'on exige de lui.

Le traitement de cette place est de cent mille francs, compris 70,000 francs prélevés sur la ferme des jeux, et non compris 36,000 fr. de frais de représentation. Il faut ajouter à ces avantages, le logement, tout ce qui tient à son usage, comme meubles, linge, argenterie, vaisselle, le chauffage, l'éclairage. Il a en outre les voitures et les chevaux en nombre suffisant; et cependant à chaque tirage de la loterie, où l'usage veut que M. le préfet soit présent, c'est le secrétaire-général qui le représente. La ville paie tout cela : elle paie en outre tous les frais d'entretien, de réparation, qui figurent dans le compte du receveur-général pour l'exercice 1818. (1)

____

(1) La comptabilité du receveur municipal de la ville de Paris est examinée et jugée par la cour des comptes ; ceux des exercices 1817 et 1818 sont maintenant en vérification. Au

Ce serait ici le cas de faire l'énumération des innombrables produits que retire la préfecture de police de ses diverses attributions. Je ne citerai pour exemple que celui qui concerne le droit perçu sur les filles publiques, inscrites au nombre de 18,000, quoique, d'après un publiciste qui mérite toute croyance, il se monte beaucoup plus haut. Ce produit, à raison de 3 fr. par mois, par chacune d'elles, donne annuellement une somme de 648,000 fr. sur quoi il faut déduire les frais de bureau. (1) qui s'élèvent à 60,000 fr. Que devient le surplus? il est probablement employé en œuvres de

---

chapitre XIX de ces deux comptes, intitulé : *Dépenses relatives à la police municipale*, au titre *matériel,* se trouve portée une somme de 126,000 fr. sur chacun de ces exercices pour ameublement, achat de vaisselle et porcelaine, de chevaux, de voitures, de peau de chien pour l'entretien des queues de billard, le tout à l'usage de M. le préfet; enfin, pour frais de table et salaires d'un nombreux domestique.

(1) Cette taxe honteuse, assise sur la prostitution, enhardit beaucoup de jeunes filles à abandonner le giron maternel...... Je suis sous la protection de la police! telle est la réponse qu'elles font à une mère éplorée, qui, après avoir épuisé tous les moyens de les ramener à des principes honnêtes, finit par les menacer de la vengeance des lois. Et effectivement la vérité de cette horrible réponse les arrache à toute puissance maternelle! Je défie qu'on trouve une seconde preuve d'immoralité comparable à celle-ci.

bienfaisance; et comme il faut que la main gauche ignore le bien que fait la main droite , voilà pourquoi on en ignore la distribution. Il est vrai que sur ces produits particuliers il y a des dépenses secrètes; et si ces dépenses sont sagement faites, si elles le sont sans parcimonie, comment se fait-il que la police soit aussi mal faite , et que la sûreté publique soit sans cesse compromise ? Pourquoi n'a-t-elle pas prévu l'attentat du 13 février ? Pourquoi.....? Si l'on s'en rapporte à la voix publique c'est parce que les fonds secrets n'ont pas une destination directe ; c'est parce que les agens de police et les gendarmes ne reçoivent qu'avec peine et et irrégulièrement les gratifications promises ; c'est parce que les employés de la préfecture ne touchent que très-rarement et difficilement l'indemnité due à ceux qui reviennent travailler le soir (1).

Ce sujet a fourni la matière d'un article inséré dans le journal l'*Indépendant* sous la date du 29 novembre dernier : cet article, qui met au jour *bien des petits secrets* que le vulgaire *ne doit pas connaître*, déplut à M. le

---

(1) Il y a eu dernièrement une répartition des indemnités et gratifications pour l'année 1818.

comte Anglès. Il n'avait pu être rédigé que
d'après des notes données par un homme attaché à l'administration de la police ; et effectivement on les devait à un ancien employé,
qui voulait décharger sa conscience en dévoi-
lant des abus dont il avait été le témoin. M. le
comte voulut savoir le nom de l'auteur, et
pour y parvenir il prend un moyen que lui
dicte sa prévention contre un de ses chefs de
bureau. Il exige de lui le nom de l'auteur
de l'article, sous peine de destitution de sa
place. Ce chef, père d'une nombreuse famille, estimé dans l'administration pour ses
connaissances et son instruction, ne balance
point : il répond qu'il ignore le nom de l'auteur ; il va plus loin : il déclare à M. le comte
Anglès que *lors même qu'il le connaîtrait, fût-
il son ennemi, il ne deviendrait jamais son
délateur.* M. le préfet lui donna huit jours
pour se décider à commettre une action infâme : M. Treverret (car il faut nommer ce
chef) repoussa tout délai, ajoutant qu'il serait
toujours fidèle à l'honneur et au cri de sa
conscience. Deux mois s'étaient écoulés sans
que M. Treverret entendît parler de cette affaire ; lorsqu'à l'occasion de quelques actes de
police, redressés dans les feuilles publiques,

M. le préfet lui fait demander la démission de sa place, et sur son refus prononce sa destitution le 2 février dernier.

En comparant la conduite de M. le comte Anglès avec celle de son chef dans cette affaire, il n'est pas difficile de décider lequel des deux y a mis plus de noblesse et de dignité.

M. Treverret, gentilhomme breton et royaliste éprouvé, comptait vingt-cinq années de service dans deux administrations ; et l'acte de rigueur (il faut bien adoucir le mot) dont il est victime, le prive d'une pension de retraite, perspective à laquelle chaque jour lui donnait des droits.

Je sais bien que dans le siècle où nous vivons, une destitution n'est point qualifiée d'abus d'autorité ; mais n'en trouve-t-on pas des exemples au préjudice de ceux qui avaient droit à la protection et à la justice du magistrat, chargé de la police de Paris ?

Entre plusieurs exemples que je pourrais citer, il en est deux qui se trouvent consignés dans le *Drapeau Blanc.* L'un, sous la date du 18 mars dernier, concerne un enfant qui promenait un singe, dont l'agilité et les grimaces amusaient les habitués du boulevart de Gand

et des Champs Elysées. Ce singe était le gagne-
pain de ce malheureux. Sous le prétexte de
vagabondage, on l'arrête lui et son singe : on
les conduit à la préfecture. L'enfant a ordre
de quitter Paris dans les vingt-quatre heures,
et le singe est confisqué et relégué dans les
appartemens de M. le préfet, qui croit dédommager suffisamment cet enfant de la privation
d'un animal, qui était le soutien de son existence, en lui donnant cinq pièces de 5 francs...,
et une feuille de route pour retourner dans
son pays.

L'autre concerne un ramoneur qui, en 1816,
avait trouvé, sur la voie publique, une épin-
gle de chemise, montée d'un brillant remar-
quable par sa grosseur. Les détails de cette
seconde anecdote sont assez curieux pour que
le lecteur qui voudrait les connaître, recoure
à la feuille précitée du 20 janvier dernier.

Je me contenterai de dire que ce diamant,
par suite d'une difficulté qui s'était élevée
entre ce ramoneur et un bijoutier à qui il
avait voulu le vendre, était resté déposé au
greffe de la préfecture, attendu que, comme
objet trouvé, il ne pouvait devenir la propriété
du ramoneur qu'au terme de trois ans. Pendant cet espace de tems un ex-employé de ce

greffe l'avait volé ainsi que beaucoup d'autres objets.

Au bout de trois années le ramoneur réclama ce diamant ; et comme il n'était pas possible de le lui remettre , M. Anglès crut pouvoir prendre pour base du prix de ce bijou , celui qui avait été fixé par le bijoutier que je viens de citer , et dont la conduite dans cette affaire avait été plus que suspecte.

Il en eût coûté si peu à M. le comte Anglès de renvoyer ce malheureux satisfait! Il est vrai qu'il n'était question que d'un ramoneur : on n'en use point avec un pareil être comme, par exemple, avec un officier revêtu d'un grade supérieur. On en cite un (M. P......) entièrement étranger à la police, qui s'est parfaitement bien battu, mais qui s'entend mieux à faire des dettes qu'à toute autre chose au monde. Poursuivi par ses créanciers, il s'adressa à M. le le comte Anglès, qui lui donna 7,000 francs. Si, en les recevant, ce héros avait pensé que cette somme faisait partie de celle qu'on lève sur la prostitution, l'aurait-il acceptée? n'aurait-il pas craint que ses lauriers n'en fussent un peu flétris? Je devine la réponse de ce militaire.

Au reste, il me semble, Monsieur, que cette

somme eût été mieux employée , si elle avait servi à dédommager , au moins en partie, les officiers du corps de la gendarmerie royale , des retenues qui leur avaient été imposées pour couvrir un *déficit* assez considérable reconnu dans la caisse du quartier-maître.

Il est à remarquer que M. le préfet de police, en sa qualité de commandant en chef du corps, n'a point figuré sur cet état de retenue.

Tous les faits que je viens de citer, M. le comte Anglès les connaît parfaitement : il n'a pas réclamé contre leur publicité, ce qui permet de les regarder comme un aveu de leur exactitude.

En parlant de la cause de la destitution de M. Treverret, j'ai oublié de dire qu'elle se rapetissait dans l'opinion de M. Anglès, vis-à-vis des personnes qui s'intéressaient à ce père de famille ; mais alors il y suppléait par des réticences qui ne pouvaient être interprétées qu'en mauvaise part.

Jusque-là, M. Treverret n'avait employé que les moyens de dissiper d'injurieux soupçons ; mais quand il vit que son honneur lui faisait la loi de se défendre, il adressa, au mois de février dernier, à M. le comte Anglès, une lettre qu'il ne rendit publique qu'après lui avoir donné le tems de réparer le mal qu'il lui avait fait.

Fut-ce par amour-propre que M. le comte Anglès ne voulut pas revenir sur la destitution prononcée? il faut le croire, puisqu'il répondit à un ancien administrateur qui s'intéressait à M. Treverret : « Je donnerais mille louis pour ne l'avoir pas privé de son emploi. »

Il me paraît utile de citer deux faits principaux consignés dans cette lettre.

Le lieutenant-général Canuel, connu par son noble caractère et par la belle conduite qu'il avait tenue à Lyon, fut, en février 1819, l'objet d'une conspiration qu'on voulait mettre à sa charge en y enveloppant ses amis. Il fallait se procurer l'empreinte de la clef de son appartement : un inspecteur de police fut chargé de cette mission, et fit une première démarche; mais bientôt il éprouva un sentiment d'horreur, se rendit chez un commissaire de police qui avait toute sa confiance, et lui témoigna sa répugnance pour une action aussi infâme. Celui-ci, convaincu que M. le comte Anglès était étranger à cette odieuse machination, s'empressa de lui en faire la confidence. M. le préfet réfléchit quelques minutes, et parut regarder ce rapport comme une fable inventée par l'inspecteur. Après avoir recommandé au commissaire de se renfermer dans ses fonctions de police administrative, il l'invita à revenir quatre jours après pour reparler de cette affaire..... Le lendemain le malheureux inspecteur fut destitué.

Je laisse au lecteur le soin de faire ses réflexions, et passe à une apostille mise de la main de M. Anglès en marge d'une déclaration de vol fait à S. Exc. M. le comte de Goltz, ambassadeur de sa majesté prussienne; voici cette apostille : *Il faudrait donner un tuteur à M. le comte de Goltz.* Il faut avouer que c'est pousser un peu loin l'oubli des convenances. Et si l'auteur de cette filouterie eût été découvert, ainsi que l'observation en est faite dans la lettre dont il s'agit; s'il eût été arrêté et remis entre les mains de l'autorité judiciaire, il aurait bien fallu transmettre au procureur du roi la pièce en marge de laquelle se trouve l'apostille : M. le comte de Goltz en aurait eu connaissance officielle et publique : alors quel scandale, et qu'eût-on pensé d'un magistrat qui déjà, dans ses bureaux, avait voué à une sorte de mépris l'ambassadeur d'une tête couronnée ?

Je veux croire que M. le comte Anglès n'a pas eu de mauvaises intentions ; mais cela prouve au moins insouciance dans le choix de ses expressions , ce qui dénote peu d'habitude des affaires.

On n'a point oublié les rassemblemens qui ont eu lieu au mois d'août 1819, dans la rue Montesquieu. L'opinion publique les a attribués à la police ; et ce qui portait à le faire croire, c'est que les gendarmes n'ont point été appelés à les dissiper.

Comme tout a une fin dans ce bas monde, aux rassemblemens de la rue Montesquieu ont succédé les piqueurs qui ont répandu l'effroi dans la capitale. M. le comte Anglès crut alors devoir faire insérer dans les journaux un avis à ce sujet. On lui fit des observations fondées sur l'alarme que cela pouvait répandre , et l'on proposa de substituer des mesures secrètes, de rendre la surveillance plus active. M. le préfet convint d'abord de la sagesse de l'observation ; mais tout-à-coup il changea d'avis, et ordonna l'insertion de l'article dont on a connu les résultats. Comment ne prévoyait-il pas l'inconvénient qu'il y avait à propager l'inquiétude et l'épouvante parmi les femmes qui n'osaient plus circuler dans Paris ?

M. Anglès me permettra de lui citer un fait qui a rapport à ce dernier événement.

J'étais à Londres en 1788 : apparut alors un monstre à figure humaine qui trouvait sa jouissance en faisant couler le sang de la victime qui, à la nuit tombante, avait le malheur de se trouver à sa rencontre. Il l'accostait, et, sous un prétexte vague, trouvait moyen de lier conversation avec elle. Ce misérable mettait tant d'amabilité dans ce qu'il disait, ses manières étaient si polies, son ton si décent, qu'il était impossible de lui supposer des intentions malhonnêtes : d'ailleurs son choix tombait toujours sur une jeune personne dont la physionomie annonçait de la timidité. Au moment où son horrible instinct l'avertissait de la quitter, il lui donnait dans les chairs un coup de stilet, et, certain qu'elle répandait du sang, il se sauvait en toute hâte.

Lord Mansfield, alors lieutenant de police de Londres, fut bientôt informé de cette monstruosité. Trop prudent pour vouloir qu'elle fût divulguée, il invita les journalistes à n'en pas parler dans leurs feuilles, et mit assez de monde sur pied pour s'assurer de l'homme que son imagination portait à ce degré inouï de dépravation, et pour s'en saisir. Son procès lui fut fait à huis-clos, et il fut envoyé à Botany-Bay pour le reste de ses jours.

Lord Mansfield avait sagement réfléchi qu'en donnant l'éveil sur ce scélérat, *au moyen des journaux*, c'était d'abord jeter l'effroi dans toutes les familles, puis prévenir ce scélérat qu'il avait été dénoncé à l'autorité, ce qui lui aurait donné les moyens d'échapper à jamais.

C'est sous l'administration de ce lord que la police de Londres, jusqu'à lui assez mal faite, fut organisée sur le plan de celle de Paris, à la tête de laquelle était alors M. Lenoir. My-lord Mansfield se faisait gloire de devoir à ce magistrat les instructions qu'il possédait dans cette partie si importante pour la sûreté des grandes villes; et dans les occasions difficiles, il ne dédaignait pas de le consulter sur les moyens qu'il devait employer pour obtenir des succès. MM. de Sartine et Lenoir ont laissé des successeurs à la place de lieutenant de police; mais ils n'ont point légué à tous le secret de la bien remplir.

Je touche, Monsieur, à la partie la plus délicate de l'examen des actes de l'administration de la police. Je veux parler des subsistances.

La ville de Paris a fait des frais considérables

pour la construction de greniers d'abondance, dans l'espoir qu'un pareil établissement garantirait de la disette. On l'a éprouvée en 1816 et en 1817; mais ne faut-il pas l'attribuer à des spéculateurs avides, et par conséquent aux vices de l'administration? L'approvisionnement dans les greniers d'abondance aurait donc prévenu le mal qui s'est étendu à des sacrifices énormes pour le gouvernement.

Il me semble aussi que M. le préfet, qui a le droit de convoquer la commission des subsistances, devrait prévoir l'avenir et préparer des mesures telles que le directeur de la réserve fasse remplir les magasins en tems utile.

Cette remarque se trouve implicitement consignée dans un article du *Courrier français*, sous la date du 2 mai dernier. Le rédacteur a établi des calculs par lesquels il a cherché à démontrer que les boulangers de Paris n'avaient pas été lésés, comme ils le prétendent. Je ne veux pas entrer dans la discussion de ces détails qui peuvent être plus ou moins exacts, tant pour la forme que pour le fond; j'exprime seulement ma surprise de ce que la commission de censure ait refusé l'insertion d'une réplique au *Journal de Paris* sur ce sujet. Quoi qu'il en soit,

revenant à ce qui m'occupe dans l'intérêt général, je ferai quelques observations sur le
prix du pain, sur la hausse de ce prix quand
il devrait être en baisse, et sur quelques parti-
cularités qui se rattachent à des variations dans
ce prix.

D'abord je cite l'époque de l'ordonnance qui
a rappelé les bannis, pour faire remarquer que
le pain a été diminué de prix. Je veux bien
croire que la mercuriale de la halle aux Blés
a permis cette diminution et qu'elle n'a pas
été spéculative ; mais il y a donc une fatalité
attachée à la monarchie légitime pour que ce
prix ait été augmenté le 24 août 1819, veille de
la fête du Roi! Plus récemment et le 3 mai
dernier, jour de l'anniversaire de la rentrée, le
pain a subi une nouvelle augmentation de prix,
et, en moins de dix jours, il a été porté de 6o
à 8o centimes les quatre livres.

Un homme instruit par l'expérience, fruit
de ses études en économie politique, témoi-
gnait son étonnement à propos de la mainte-
nue de cette augmentation. Quoi! disait-il, la
mercuriale du 26 juillet 1820 porte la farine
de première qualité de 69 à 74 fr. le sac de
trois cent vingt-cinq pesant ; or, on sait que

les boulangers mélangent ces trois qualités, en sorte que le prix du sac ne leur revient qu'à 65 fr., ce qui met le pain de quatre liv. à 65 c. ou 13 s.; pourquoi donc est-il toujours à 80 c. ou 16 s., tandis que la mercuriale du 5 août est encore plus favorable que celle du 26 juillet (1)? C'est, lui répond un de ceux qui l'écoutaient, parce que le mal se fait vîte et le bien lentement.

Deux mots sur le poids du pain.

Où est donc la loi qui autorise une tolérance de deux onces sur le pain de quatre liv., et qui est souvent de trois et quatre onces, sous le prétexte que le four est trop chaud? Se retranche-t-on sur l'usage? Mais il semble qu'on pourrait astreindre les boulangers à mettre une plus grande quantité de pâte pour que le poids se retrouve après la cuisson : c'est par ce moyen qu'on préviendrait les justes plaintes du peuple qui ne doit pas payer comme

____

(1) Une ordonnance de police porte qu'à compter du 21 août dernier le pain est diminué de 5 centimes les quatre livres ; cependant le prix de la farine n'a pas varié depuis trois mois : par conséquent cette diminution, qui devrait être de 15 centimes, aurait dû être ordonnée il y a long-tems.

quatre liv. pesant ce qui ne pèse réellement que trois liv. quatorze onces.

Je crois, Monsieur, avoir assez fait connaître l'administration de la police, dirigée comme elle l'est. Voulant épargner au lecteur le récit d'une foule d'abus, il ne me reste plus qu'à me résumer.

Vous avez, Monsieur, développé tous les vices de l'administration de M. Decazes, qui a produit tant de maux depuis quatre ans. J'ai dû compléter vos preuves en parlant de celle de M. Anglès, chargé de la police, qui a négligé ses devoirs les plus essentiels le 13 février, jour de douloureuse mémoire.

Si le ministère est, comme il le dit, responsable des fonctionnaires qui relèvent immédiatement de lui, il faut convenir que cette responsabilité devient chaque jour plus pesante ; car l'appui qu'il donne à des hommes à qui l'on peut reprocher justement plus d'une erreur relative à leurs fonctions, doit être pour lui un sujet d'inquiétudes.

Vous avez clairement démontré la trahison qui résulte de la série des actes de l'ex-ministre ; la prétendue réfutation de M. le comte d'Argout est déjà appréciée à sa juste valeur, et je ne pense pas que vous preniez la peine d'y répondre : il suffit de lire et de comparer pour former une opinion. Quant à l'article qui a paru le 22 août dans *le Moniteur* (partie non officielle, et quoique la commission de censure se fût prononcée pour n'admettre *ni pour*, *ni sur*, *ni contre votre Mémoire*), on a jugé cet article officieux, dont le style et la pensée ne laissent plus de doute sur la continuation du système qui perd la monarchie légitime. Si votre ouvrage devenait un article de discussion dans les journaux, *ce serait*, dit-on, *sans fruit, et non pas sans inconvénient, se traîner sur le passé*. C'est comme si l'on disait : Vous avez beau faire, vous ne réussirez pas à nous faire abjurer *des principes consacrés depuis trente ans*. L'expérience nous démontre, à la vérité, beaucoup de torts (l'expression est modérée), mais nous préférons consacrer l'ingratitude, manquer à nos promesses véritables, enfin sacrifier l'antique dynastie des Bourbons plutôt que de nous réunir contre un ex-ministre qui a fait le malheur de la France.

Quant à la culpabilité ministérielle dans l'assassinat de monseigneur le duc de Berri, je n'admets votre accusation qu'en la rattachant à tous les actes dont vous avez fait ressortir sa trahison, aux encouragemens qu'il a donnés à un parti dont les doctrines pernicieuses ont fanatisé *Louvel*. Mais, en ce qui concerne l'affreux événement du 13 février, il est évident que la responsabilité politique pèse directement sur le préfet de police, qui ne peut être, et n'a été nullement entravé dans ses moyens de surveillance. Vos remarques (pages 121 et 122 de votre ouvrage) sont parfaitement appliquées à M. Decazes, mais elles manquent de justesse à l'égard de M. Anglès, dont les agens sont chargés de la basse police, ainsi que de celle des spectacles.

Vous rappelez-vous, Monsieur, l'événement qui eut lieu à un bal donné par l'ambassadeur d'Autriche, et où se trouvait Bonaparte? il fut reconnu qu'il était l'effet d'un pur accident; néanmoins le préfet Dubois fut de suite remplacé.

Et l'assassinat d'un prince, l'espoir de la France, n'a opéré aucun changement parmi ceux qui dirigeaient tous les mouvemens de la police : ils les dirigent encore! Quel siècle *de lumières!* N'est-ce pas plutôt celui des crimes de tout genre? On est forcé de le croire d'après ce qui se passe journellement.

En effet, ne voyons-nous pas que les com-

plots les plus atroces sont à l'ordre du jour,
depuis l'horrible attentat du 13 février? ils se
renouvelleront, Monsieur, n'en doutez pas,
puisque la clémence est infinie, et puisque les
intérêts moraux de la révolution sont défendus
par des hommes qui les ont trop chaudement
embrassés. Les conspirateurs se cachent à
peine, et cependant la police ne prévient pas
leurs trames. A quoi sert-elle donc cette police si active, si vigilante pour les objets les
plus indifférens? Elle n'a point arrêté le bras
de Louvel! elle n'a point empêché l'explosion
de la machine infernale posée sous le guichet
du Carrousel! elle n'a été que secondaire dans
l'arrestation de *Gravier!* elle a laissé grossir
les attroupemens du mois de juin, A quoi donc
est-elle bonne cette police? au lieu de prévenir
les crimes, elle n'emploie ses agens qu'à des
exécutions de mesures qu'elle n'a pas su prévoir.

Ah! sans doute, si elle était dans des mains
habiles, on n'aurait jamais à sévir contre des
hommes égarés; et les chefs de conspirations
renonceraient à des projets qu'ils sauraient
éclairés d'avance par une police bien inten-
tionnée.

Il y avait long-tems qu'on connaissait les

manœuvres employées pour séduire et cor-
rompre la troupe. Le gouvernement était, dit-
on, instruit. Y avait-il donc nécessité de laisser
des hommes se plonger dans des complots té-
nébreux et perfides. La police ne devait-elle
pas les arrêter sur le bord du précipice, au
lieu d'exposer l'Etat à la chance incertaine de
leurs projets, et se faire un mérite d'une chance
douteuse, mais dont le succès n'atteint jamais
les grands coupables?

Veuille le Ciel nous préserver de nouvelles
tentatives contre la sûreté du trône et de l'E-
tat! Malheureusement, en lisant dans le passé,
on ne peut qu'avoir des craintes pour l'avenir:
ces craintes seraient bientôt dissipées, si l'on
voyait les places importantes enfin confiées à
des hommes capables et attachés de cœur à la
dynastie sacrée des Bourbons.

Agréez, Monsieur, l'assurance de mes sentimens de la plus haute considération.

CAHAISSE.

24 août 1820.

DE L'IMPRIMERIE DE PILLET AÎNÉ, RUE CHRISTINE, N° 5.